I0815586

Gnomos

Grace Hansen

Abdo Kids Jumbo es una subdivisión de Abdo Kids
abdobooks.com

abdobooks.com

Published by Abdo Kids, a division of ABDO, P.O. Box 398166, Minneapolis, Minnesota 55439.

Abdo Kids Jumbo™ is a trademark and logo of Abdo Kids.

Printed in China

102025

012026

Spanish Translator: Maria Puchol

Photo Credits: Alamy, Everett Collection, Getty Images, Granger Collection, Shutterstock, ©User:ArtfulBrittani p7 / CC BY-NC-ND 3.0, ©Scott McLeod p22 / CC BY 2.0

Production Contributors: Teddy Borth, Jennie Forsberg, Grace Hansen
Design Contributors: Candice Keimig, Pakou Moua

Library of Congress Control Number: 2025942216

Publisher's Cataloging-in-Publication Data

Names: Hansen, Grace, author.

Title: Gnomos/ by Grace Hansen

Other title: Gnomes. Spanish

Description: Minneapolis, Minnesota: Abdo Kids, 2026. | Series: El mundo de los seres mitológicos | Includes online resources and index.

Identifiers: ISBN 9798384908999 (lib.bdg.) | ISBN 9798384909576 (ebook)

Subjects: LCSH: Gnomes--Juvenile literature. | Mythical animals--Juvenile literature. | Folklore--Juvenile literature. | Legends--Juvenile literature. | Spanish Language Materials--Juvenile literature.

Classification: DDC 398.2454--dc23

Contenido

El mito del gnomo

Los gnomos son pequeñas criaturas mágicas. Forman parte del **folklore** del hombre desde hace cientos de años.

Los primeros gnomos

En el siglo XVI, la palabra latina *gnomus* se utilizó por primera vez en un libro de **Paracelso**. Describía al gnomo como una criatura pequeña y valiente que vivía bajo tierra. Era invisible para los humanos y estaba estrechamente ligado a la naturaleza.

Paracelso

En algunas de las primeras historias, las criaturas parecidas a los gnomos eran feas. También vivían bajo tierra, tenían poderes mágicos y protegían **minas** y tesoros.

Con el tiempo, las historias sobre gnomos se extendieron por Europa y América. El aspecto de los gnomos ha cambiado de un lugar a otro. Pero casi siempre han estado conectados con la naturaleza.

En jardines y más allá

A mediados del siglo XIX, las figurillas de gnomos de jardín se hicieron muy populares en Alemania. Se creía que cobraban vida por la noche para cuidar los jardines y al amanecer volvían a convertirse en piedra.

Los gnomos no tardaron en aparecer en los **cuentos de fantasía**. L. Frank Baum describió a los gnomos como malos y feos en los libros de Oz. C.S. Lewis les dio muchas formas y tamaños a sus gnomos, o terrícolas, como los llama en *Las crónicas de Narnia*.

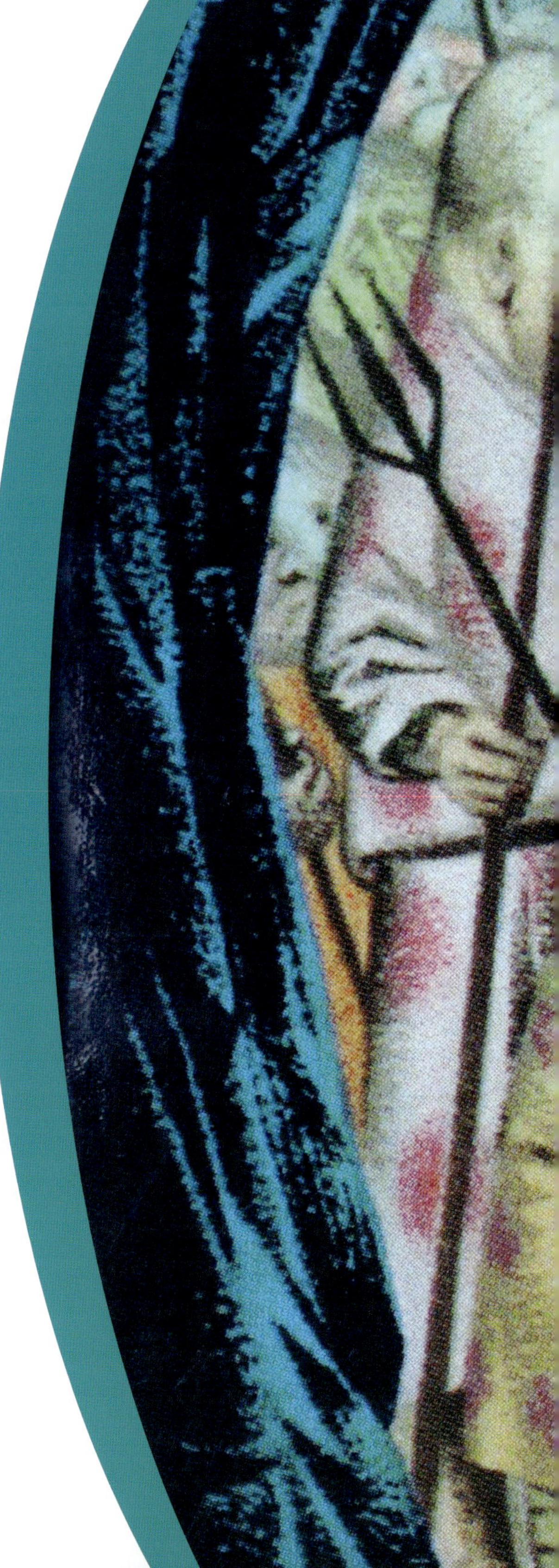

Blancanieves y los siete enanitos de Disney se **estrenó** en 1937. En ella aparecen unos hombrecitos barbudos con sombreros puntiagudos. Estos gnomos trabajan duro todos los días extrayendo joyas.

Gnomos de hoy en día

Hoy en día, los gnomos se parecen principalmente a los simpáticos personajes de la película de Disney. Los gnomos siguen **adornando** los jardines por todo el mundo.

Los gnomos son populares en la literatura, el cine y la televisión. Siguen despertando la admiración y la magia por la naturaleza.

Más gnomos

Elwood
Ames, Iowa

- El gnomo de hormigón más alto del mundo
- Mide 15 pies (4.6 m) de altura
- Pesa 3,500 libras (1,600 kg)

Gnomeo
Gnomeo y Julieta

- Gnomeo es un gnomo de jardín que se enamora de Julieta, una gnomo de otro jardín
- Gnomeo y Julieta provienen de familias rivales que tienen cada uno su propio jardín que cuidar

Papa Pitufo
Los Pitufos

- Es el pitufo de más edad y líder de todos los pitufos
- Vive en una aldea en medio de un profundo bosque que ningún humano puede encontrar por sí solo
- Experto en hacer pociones mágicas y hechizos

Glosario

adornar – dar belleza o decorar.

estrenar – presentar en público por primera vez.

fantasía – tipo de cuento o literatura que se desarrolla en un mundo mágico.

folklore – historia y formas de vivir de la gente de un lugar o país concreto.

mina – agujero profundo hecho en la tierra para extraer minerales. El oro, el carbón o las piedras preciosas son minerales.

Paracelso – médico, alquimista y pensador suizo que vivió entre 1493 y 1541.

Índice

¡Visita nuestra página **abdokids.com** para tener acceso a juegos, manualidades, videos y mucho más!

Los recursos de internet están en inglés.